JN104689

Kurahei Ogino   Andrea Raab

Tag für Tag
Leben in Deutschland
⟨neue Auflage⟩

— ドイツ 暮らしのスケッチ（新訂版）—

Asahi Verlag

表紙デザイン：大下賢一郎
本文イラスト：庄司三奈子
写 真 提 供：(株) FIX

ま　え　が　き

◆ 本書は初めてドイツ語を学ぶ学生を対象とした初級文法読本です。本書の特徴は、主人公である小学校に通う少女 Lisa とその家庭に起こる様々な日常の出来事を通じて、ドイツ人の家庭生活の「素顔」を紹介することにあります。

◆ 分量は全体で12課に抑え、じっくり学習できるようにしました。各課は次の5つの項目から成っています。
>   1.   Lesetext（読章）
>   2.   Dialog（会話）
>   3.   Landeskunde（文化的背景）
>   4.   Grammatik（文法）
>   5.   Übungen（練習問題）

◆ Lesetext と Dialog は、各課に割り振られたドイツの日常生活についてのテーマに関連するもので、Landeskunde でその背景について若干の補足的説明がしてあります。
Grammatik は必要最低限に絞りました。最後の Übungen では様々なタイプの練習問題を取り入れバラエティーに富むように努めました。

◆ 外国語を学ぶことがその背景にある文化の多様性といったことにも興味を抱く契機になれば、と願っています。

　2000 年　春

著　者

《新訂版にあたり》

　今回の改訂では、全般にわたって不備を改めました。また、Landeskunde の古くなったデータを新たなものにし、練習問題も一部変更しました。今後とも、ご教示をたまわりますれば幸いに存じます。

　2009 年　春

著　者

Inhaltsverzeichnis

ドイツ語圏略地図 （ □ はドイツ語使用地域）

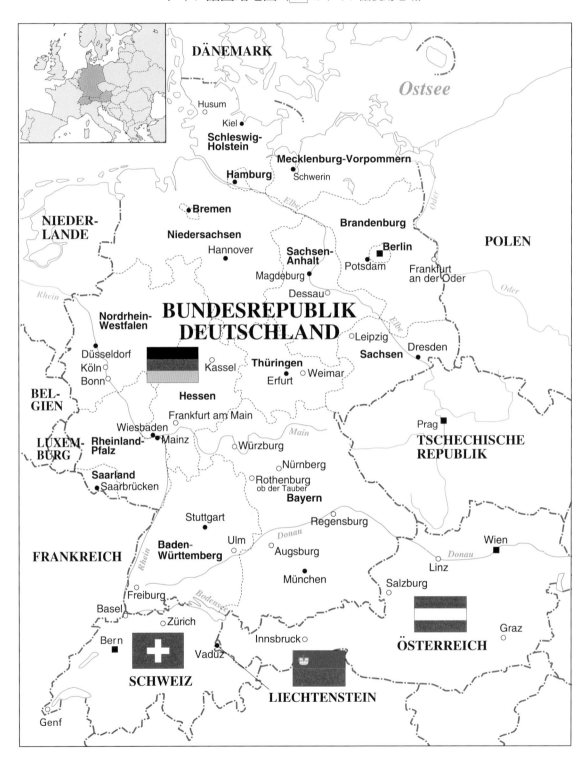

Das Alphabet

A	a	𝒜	𝑎	aː	Q	q	𝒬	𝑞	kuː
B	b	ℬ	𝑏	beː	R	r	ℛ	𝑟	ɛr
C	c	𝒞	𝑐	tseː	S	s	𝒮	𝑠	ɛs
D	d	𝒟	𝑑	deː	T	t	𝒯	𝑡	teː
E	e	ℰ	𝑒	eː	U	u	𝒰	𝑢	uː
F	f	ℱ	𝑓	ɛf	V	v	𝒱	𝑣	faʊ
G	g	𝒢	𝑔	geː	W	w	𝒲	𝑤	veː
H	h	ℋ	ℎ	haː	X	x	𝒳	𝑥	ɪks
I	i	𝒥	𝑖	iː	Y	y	𝒴	𝑦	ˈʏpsilɔn
J	j	𝒥	𝑗	jɔt	Z	z	𝒵	𝑧	tsɛt
K	k	𝒦	𝑘	kaː					
L	l	ℒ	𝑙	ɛl	Ä	ä	𝒜̈	𝑎̈	aːˈʊmlaʊt
M	m	ℳ	𝑚	ɛm	Ö	ö	𝒪̈	𝑜̈	oːˈʊmlaʊt
N	n	𝒩	𝑛	ɛn	Ü	ü	𝒰̈	𝑢̈	uːˈʊmlaʊt
O	o	𝒪	𝑜	oː					
P	p	𝒫	𝑝	peː		ß		𝛽	ɛs-tsˈɛt

Aussprache ◆

§1 綴りと発音の原則 💿₃

(1) ほぼローマ字読み。
(2) アクセントは原則として第一音節。ただし外来語は最終音節。
(3) （アクセントのある）母音は、子音一つの前では長く、子音二つ以上の前では短い。

名詞は頭文字を大文字で書く

Náme 名前　kált 寒い；　Blúme 花　kúrz 短い；　（外来語）Appetít 食欲　Momént 瞬間

§2 注意すべき発音

1) 母音 💿₄

（1）変母音（ウムラウト）

ä	[ɛː] [ɛ]	（ほぼ日本語の [エ] と同じ）	Bär	クマ	Gäste	客
ö	[øː] [œ]	（[o] の口の形で [e] と発音）	schön	美しい	öffnen	開ける
ü	[yː] [ʏ]	（[u] の口の形で [i] と発音）	müde	疲れた	München	ミュンヘン

（2）複母音

ei	[aɪ]	[アイ]	drei	3	árbeiten	働く
eu, äu	[ɔʏ]	[オイ]	heute	今日	läuten	鳴る

（3）長母音

ie	[iː]	[イー]	lieben	愛する	wieder	再び

ただし　Famílie 家庭
[ファミーリェ]

2) 子音 💿₅

（1）語末の -b, -d, -g は、[p], [t], [k] となる

Grab 墓　　　　und　そして　　　　　　Tag　日

また b, g は s, t の前でも [p], [k] となる

Obst 果物　　　sagen → sagt 言う

（2）母音＋-h （h は発音せず、その前の母音が長母音となる）

gehen　行く　　　sehr　とても

（3）j	[j] [ユ]	Japan	日本	Jahr	年
（4）s	[z] [ズ]（母音の前）	Suppe	スープ	sollen	すべきである
	[s] [ス]（それ以外）	es	それ	Haus	家
（5）v	[f] [フ]	Vater	父	viel	多くの
（6）w	[v] [ヴ]	wohnen	住む	was	何

(7) z, tz [ts] [ツ]　　　　　　　　　Zimmer　部屋　　　　　　jetzt　　　今

(8) ch は、[x] と [ç] の2通り

　　ch　　[x] [ハ] [ホ] [フ]　　　　Nacht　夜　　　　　　　hoch　　　高い
　　　　　（a, o, u, au の後で）
　　　　　　　　　　　　　　　　　　Buch　　本　　　　　　　auch　　　もまた

　　ch　　[ç] [ヒ]（それ以外）　　　ich　　　私は　　　　　　Kirche　　教会

(9) chs, x [ks] [クス]　　　　　　　sechs　　6　　　　　　　Examen　試験

(10) ig　　[ɪç] [イヒ]（語末で）　　lustig　陽気な　　　　　Predigt　説教

(11) pf　　[pf] [プフ]　　　　　　　Apfel　　リンゴ　　　　　Pfarrer　司祭

(12) qu　　[kv] [クヴ]　　　　　　　Quélle　泉　　　　　　　bequém　快適な
　　　　　　　　　　　　　　　　　　　［クヴェレ］　　　　　　　　　［ベクヴェーム］

(13) sch　[ʃ] [シュ]　　　　　　　　Schule　学校　　　　　　Schwester　姉妹

(14) sp-　[ʃp] [シュプ]（語頭で）　spielen　遊ぶ　　　　　　spät　　　遅れて

　　st-　[ʃt] [シュト]（語頭で）　stehen　立っている　　　Stuhl　　イス

(15) ss　　　　　　　（短母音の後）　essen　　食べる　　　　　müssen　しなければならない
　　ß　　[s] [ス]　（それ以外）　heißen　〜という名前である　grüßen　　あいさつする

(16) th, dt [t]　　　　　　　　　　Theater　劇場　　　　　Stadt　　　町

(17) tsch [tʃ] [チュ]　　　　　　　Deutsch　ドイツ語　　　Tschechien　チェコ

あいさつ表現 ◉ 6

Ja.	はい。
Nein.	いいえ。
Hallo!	やあ。/（電話などで）もしもし。
Guten Morgen!	おはよう。
Guten Tag!	こんにちは。
Guten Abend!	こんばんは。
Gute Nacht!	おやすみ。
Auf Wiedersehen!	さようなら。
Tschüss! / Tschüs!	バイバイ。
Bis morgen!	また明日。
Wie geht es Ihnen? — Danke, gut.	お元気ですか。— はい、元気です。
Alles Gute!	お元気で。
Danke [schön]! / Vielen Dank!	ありがとう。
Bitte [schön]! / Bitte sehr!	どういたしまして。
Entschuldigung!	
Entschuldigen Sie bitte!	すみません。
Wie bitte?	もう一度言ってください。

§1 数詞

1) 基数詞 ₇

0	null	13	dreizehn	30	dreißig [ドライスィヒ]
1	eins	14	vierzehn [フィアツェーン]	40	vierzig [フィアツィヒ]
2	zwei	15	fünfzehn	50	fünfzig
3	drei	16	sechzehn	60	sechzig
4	vier [フィーア]	17	siebzehn	70	siebzig
5	fünf	18	achtzehn [アハツェーン]	80	achtzig [アハツィヒ]
6	sechs	19	neunzehn	90	neunzig
7	sieben	20	zwanzig	100	[ein]hundert
8	acht	21	einundzwanzig	101	hundert[und]eins
9	neun	22	zweiundzwanzig	200	zweihundert
10	zehn	23	dreiundzwanzig	1 000	[ein]tausend
11	elf	24	vierundzwanzig	10 000	zehntausend
12	zwölf	25	fünfundzwanzig	1 000 000	eine Million [ミリオーン]

1998 （数） [ein]tausend|neunhundert|achtundneunzig

   （年号） neunzehn|hundert|achtundneunzig

2) 序数詞　1〜19 までは基数に -t を、20 以上は基数に -st をつける。(第 8 課 §1 注を参照) ₈

1.	erst	6.	sechst	11.	elft
2.	zweit	7.	sieb[en]t	19.	neunzehnt
3.	dritt	8.	acht	20.	zwanzigst
4.	viert	9.	neunt	24.	vierundzwanzigst
5.	fünft	10.	zehnt	100.	hundertst [フンダーツト]

§2　四季・月名・曜日名　すべて男性名詞 ₉

Frühling	春	Januar	1 月	Juli	7 月
Sommer	夏	Februar	2 月	August	8 月
Herbst	秋	März	3 月	September	9 月
Winter	冬	April	4 月	Oktober	10 月
		Mai	5 月	November	11 月
		Juni	6 月	Dezember	12 月

Montag	月曜日
Dienstag	火曜日
Mittwoch	水曜日
Donnerstag	木曜日
Freitag	金曜日
Samstag	土曜日
（北独：Sonnabend）	
Sonntag	日曜日

◆ Tag für Tag — Leben in Deutschland

⟨neue Auflage⟩

Lektion 1 *Geburtstag* 誕生日

1 *Lesetext* ◆ 10

Das ist Lisa.   Lisa wohnt in München.   Das sind Peter und Monika.   Peter ist Lisas Vater.   Monika ist Lisas Mutter. Ist das Lisas Großvater?   Ja, er heißt Wilhelm. Er ist alt.   Und er ist immer lustig.

Heute ist Lisas 7. Geburtstag.   Lisa, Peter, Monika und Wilhelm feiern.   Birgit, Kathrin und Stefan kommen auch.   Sie gratulieren und singen „Viel Glück und viel Segen".   Monika bringt Torte und Kakao.   Lisa, Birgit, Kathrin und Stefan spielen Topfschlagen, Sackhüpfen und Rätselraten.   Gewinnt Lisa?

Lisas Vater　リーザのお父さん

Lisas 7. Geburtstag
＝Lisas siebter Geburtstag　リーザの7歳の誕生日（第8課§1注を参照）

„Viel Glück und viel Segen"『たくさんの幸せを』（代表的な誕生日のお祝いの歌）

Topfschlagen, Sackhüpfen, Rätselraten　代表的な子供たちのゲーム。順に「なべたたきゲーム」（目隠しをしたまま手探りでなべを探してスプーンでたたく）、「袋競争」（布袋に腰まで入り飛び跳ねながら進む）、「なぞなぞ」

Birgit / Kathrin： Hallo, Lisa!　Alles Gute zum Geburtstag!

Lisa： Hallo!　Ihr kommt spät!　Wir warten schon!

Stefan ist auch da.　Wir essen Torte und trinken Kakao.

Birgit： Super!　Hier ist dein Geschenk.

Lisa： Danke!　Was ist das?　Ich öffne es schnell.

Ich bin neugierig.

Kathrin： O.K.　Wir begrüßen jetzt Stefan.

Und dann essen wir Torte.

Alles Gute zum Geburtstag! 誕生日おめでとう
Super! まぁ、すてき！、やったぁ！　　dein Geschenk あなたへのプレゼ
ント　　es＝英語 *it*,「プレゼント」を指す人称代名詞（→ 第4課）

誕生日 ◆ 1

ドイツ語で「誕生日おめでとう」は „*Alles Gute zum Geburtstag!*" とか „*Herzlichen Glückwunsch zum Geburtstag!*" という。誕生日を楽しみにしているのはなんといっても子供たちである。親しい人々からプレゼントやカードをもらえることもあるが、友達を自宅のパーティーに招待して歌を歌ったりゲームをしたり、ケーキを食べるなどして楽しい時を過ごすことができるからだ。同様に大人たちも親しい人たちを自宅に招待することもあるが、最近ではレストランで誕生日の祝いをすることも多いようだ。一般に30歳、40歳、50歳といったような区切りのいい誕生日は特に盛大に祝う。ところで、かつて、特にカトリック信仰の篤いバイエルンのような地方では、誕生日よりも自分の洗礼名にゆかりの守護聖人の日（これを *Namenstag* という）を祝うといった風習もあった。たとえば、聖ゲオルク（*Sankt Georg*）を守護聖人にいだく人は4月24日がその日にあたる。

Grammatik ◆

§1 人称代名詞 ⊚12

	単数		複数	
1人称	ich	私は	wir	私たちは
2人称（親称）	du	君は	ihr	君たちは
3人称	er	彼は		
	sie	彼女は	sie	彼らは、それらは
	es	それは		
2人称（敬称）		Sie	あなたは、あなたがたは	

§2 動詞の現在人称変化（規則変化） ⊚13

動詞の基本形を「不定詞」といい、通常 -en で終わる。不定詞から -en を取った形を「語幹」という。現在人称変化形は語幹に以下のような変化語尾をつけて作る。

不定詞 kommen（語幹：komm-）来る

ich	komme	wir	kommen
du	kommst	ihr	kommt
er	kommt	sie	kommen
	Sie	kommen	

du, er, ihr の3箇所で人称変化語尾に口調上の -e- が入る動詞がある：arbeiten 働く, warten 待つ, heiraten 結婚する → du arbeitest, er arbeitet, ihr arbeitet

§3 定動詞の位置 ⊚14

主語の人称と数に応じて語尾変化した動詞を「定動詞」という。

① 平叙文：文頭から2番目。

Thomas kommt heute. トーマスは今日来ます。
Heute kommt Thomas. 今日トーマスが来ます。

② 疑問詞で始まる疑問文：文頭から2番目。

Wann kommt Thomas? いつトーマスは来ますか。

③ ja（英語：*yes*）、nein（英語：*no*）で答える疑問文：文頭。

Kommt Thomas heute? — Ja, er kommt heute.
トーマスは今日来ますか。 — はい、彼は今日来ます。
Nein, er kommt heute nicht.
いいえ、彼は今日来ません。

§4 sein（英語：*be*）の現在人称変化（不規則変化） ⊚15

不定詞 sein ～である

ich	bin	wir	sind
du	bist	ihr	seid
er	ist	sie	sind
	Sie	sind	

1 ▶ Lesetext に出てきた次の動詞を人称変化させなさい。

wohnen（意味： ）	spielen（意味： ）	bringen（意味： ）
語幹：	語幹：	語幹：
ich _____	ich _____	ich _____
du _____	du _____	du _____
er _____	er _____	er _____
wir _____	wir _____	wir _____
ihr _____	ihr _____	ihr _____
sie _____	sie _____	sie _____
Sie _____	Sie _____	Sie _____

2 ▶ 次の動詞からふさわしいものを選び、正しい人称形に直して（　　）に入れ，和訳しなさい。

> trinken　　heißen　　sein　　singen　　essen

1. Peter und Monika (　　　　　) Torte.
2. Lisas Großvater (　　　　　) Wilhelm.
3. Heute (　　　　) Lisas Geburtstag.
4. Wir (　　　　) „Viel Glück und viel Segen".
5. (　　　　) du auch Kakao?

3 ▶ あいさつ表現を覚えよう。 ◎ 16

1. 誕生日おめでとう
   Alles Gute zum Geburtstag!
2. いただきます　Guten Appetit!
3. 乾杯　　　　　Prost! / Zum Wohl!
4. 良い旅を　　　Gute Reise!
5. ご成功を　　　Viel Glück! / Viel Erfolg!
6. お大事に　　　Gute Besserung!

2 *Lesetext* ◆ 🎧 17

Die Familie hat ein Reihenhaus.   Lisa, Monika und
Peter wohnen unten.   Sie haben ein Wohnzimmer, ein
Esszimmer, ein Schlafzimmer, ein Kinderzimmer, eine
Küche und ein Bad.   Das Zimmer des Großvaters ist
oben.   Er sagt: „Hier oben bin ich gerne.   Hier habe
ich Ruhe."
Lisa holt den Großvater.   Das Mittagessen ist fertig.
Lisa hat Hunger.   Der Großvater hat Durst.   Es gibt eine
Kartoffelsuppe und dann einen Nachtisch.   Lisa mag
Nachtisch.   Der Großvater mag Bier.   Lisa bringt dem
Großvater eine Flasche Bier.

Reihenhaus テラスハウス
Zimmer（部屋）からなる合
　成語: Wohnzimmer 居間
　　　Esszimmer
　　　ダイニング·ルーム
　　　Schlafzimmer 寝室
　　　Kinderzimmer
　　　子供部屋
es gibt... 「es gibt＋4格
　目的語」の成句表現。こ
　こでは「...⁴が（食事に）で
　る」の意
mag ＜ mögen 好きである

18

Monika： Ich wünsche einen guten Appetit!

Peter： Danke, gleichfalls!　Das Essen schmeckt sehr gut.

Monika： Das ist schön.　Lisa, hast du schon Suppe?

Lisa： Nein, Mama.　Ich esse erst den Pudding.

Monika： Nein, Lisa. Wir essen erst die Suppe. Kartoffelsuppe ist gesund.
Dann gibt es den Nachtisch.

Wilhelm： Ich mag auch gern Pudding.　Ich habe eine Idee, Lisa.
Wir essen schnell die Suppe.　Dann bekommen wir auch
schnell den Pudding.

Ich wünsche einen guten Appetit! — Danke, gleichfalls!　直訳すれば「おい
しく召し上がってね」「ありがとう、あなたもね」だが、日本語の「いただき
ます」のあいさつに相当する。短く Guten Appetit! とも言う

住と食　◆

「衣食住」について日本とドイツを比較してみよ
う。日本人の関心はもっぱら「衣」と「食」に
集中し、「住」はなかなか思い通りにはいかない
のが現状のようだ。一方ドイツ人の関心のトッ
プは何といっても「住」で、家具、じゅうたん、
カーテンに関する好みに始まって、部屋のインテ
リアにマッチした食器類、はてはナプキンの
品定めに至るまで「住」に対するこだわりには
感服せざるをえない。ところでドイツの家屋の
特徴を1つ挙げるならば、かなり広い地下室が
あることで、物置き、食品の貯蔵場所としての用途の他に、子供たちのプレイルーム、ゲストルーム
としても使用されている。さて「食」はといえば、パン、ハム、ソーセージ、ジャガイモ料理、乳製
品（チーズ、ヨーグルト、アイスクリーム）などのシンプルで飾らない素朴な味わいがドイツ料理の
身上といえよう。またドイツ人は（男性も）ケーキが大好き。午後のコーヒーとケーキの時間は「第
4の食事」といわれるくらいだ。もちろん、ワインとビールも忘れてはならない。

2 *Grammatik* ◆

§1 名詞の性 ◎ 19

名詞は「男性名詞」、「女性名詞」、「中性名詞」のいずれかに分類される。

例）男性名詞：Vater 父、 Tisch 机、 Pudding プリン

女性名詞：Mutter 母、 Küche キッチン、 Suppe スープ

中性名詞：Kind 子供、 Haus 家、 Essen 食事

§2 定冠詞と不定冠詞 ◎ 20

名詞は、性に応じて冠詞が異なる。また、冠詞には「定冠詞」（英語：*the* に相当）と「不定冠詞」（英語：*a* に相当）の二種類がある。

	定冠詞＋名詞		不定冠詞＋名詞	
例）男性名詞	der Vater	その父親	ein Vater	ある父親
女性名詞	die Mutter	その母親	eine Mutter	ある母親
中性名詞	das Kind	その子供	ein Kind	ある子供

§3 名詞の格変化

名詞には文中の機能に応じて1格、2格、3格、4格の4種類の格がある。それらは順に日本語の「…が」、「…の」、「…に」、「…を」の働きに相当する。

	男性名詞	女性名詞	中性名詞
1格 …が	der /ein Vater	die /eine Mutter	das /ein Kind
2格 …の	des /eines Vaters	der/einer Mutter	des /eines Kind[e]s
3格 …に	dem/einem Vater	der/einer Mutter	dem/einem Kind
4格 …を	den /einen Vater	die /eine Mutter	das /ein Kind

2格名詞は、男性・中性名詞においてその語尾に s ないし es がつく。なお2格名詞は、固有名詞では修飾する名詞の前に、普通名詞ではその後に置かれる。

例）Peters Haus ↑ ペーターの家　　das Haus des Vaters ↑ 父の家

§4 haben（英語：*have*）の現在人称変化（不規則変化） ◎ 21

不定詞 haben 持っている

ich	habe	wir	haben
du	hast	ihr	habt
er	hat	sie	haben
		Sie	haben

---

1 ▶ Lesetext に出てきた次の名詞を冠詞といっしょに格変化させなさい。

（d は定冠詞を、e は不定冠詞を表す。）

	┌─ Großvater（性：　　）─┐	┌─ Flasche（性：　　）─┐	┌─ Zimmer（性：　　）─┐
	意味：	意味：	意味：
1格	d____ Großvater	e____ Flasche	d____ Zimmer
2格	d____ _____	e____ _____	d____ _____
3格	d____ _____	e____ _____	d____ _____
4格	d____ _____	e____ _____	d____ _____

2 ▶ （　　）に適当な冠詞（d：定冠詞、e：不定冠詞）を入れ、和訳しなさい。

1. (d:　　　　) Mittagessen ist fertig.

2. Zuerst essen wir (d:　　　　) Suppe.

3. (d:　　　　) Zimmer (d:　　　　) Großvaters ist oben.

4. Lisa bringt (d:　　　　) Großvater (e:　　　　) Flasche Bier.

5. Hast du (e:　　　　) Idee?

3 ▶ Lesetext をもう一度読み、下の住まいの見取り図の a—f の部屋の名称に相当するドイツ語を書きなさい。

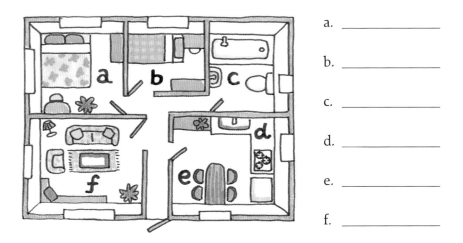

a. _____

b. _____

c. _____

d. _____

e. _____

f. _____

3 ▶ *Lesetext* ◆ ₂₂

Lisas Freunde haben Brüder oder Schwestern.   Lisa hat keine Geschwister.   Aber nun bekommt Monika ein Baby.   Lisa weiß das schon lange.   Endlich ist es so weit. Peter sagt: „Komm, Monika, wir fahren! Ich trage die Taschen.   Lisa, öffne bitte die Tür!"

Tante Brigitte kommt und versorgt Lisa.   Lisa kennt das Krankenhaus.   Dort arbeiten Ärzte, Krankenschwestern und Hebammen.   Lisa und Tante Brigitte warten.   Jetzt klingelt das Telefon: „Hallo, Lisa!   Hier spricht Peter. Du hast einen Bruder.   Er heißt Thomas."

Lisa hat keine Geschwister.   リーザには兄弟がいない。kin は英語の *no* に相当する否定冠詞（→第5課）

Endlich ist es so weit.   とうとうその日がやってきた

versorgt＜versorgen   めんどうを見る

Hebamme   助産婦

23

Lisa： Schläft das Baby?

Monika： Nein, Lisa.　Wir baden es jetzt.　Bitte geh und hol ein Handtuch
　　　　und die Windeln!　Und dann bring die Kleider!

Lisa： Ich helfe gerne.　Ich wasche das Baby auch.

Monika： Das ist gut.　Ich brauche jetzt Hilfe.　Bald ist die Taufe.
　　　　Viele Gäste kommen.　Wir haben viel Arbeit.

Lisa： Bekommt Thomas dann auch einen Paten?

Monika： Ja, er bekommt sogar zwei Taufpaten.

---

es　das Baby を指す人称代名詞（→ 第 4 課）　　Windel　おしめ
Taufe　キリスト教の洗礼式　　Pate　洗礼立会人、代父。（男性弱変化名詞：
単数 1 格のみ Pate で、それ以外は単複すべての格で Paten となる。）
Taufpate＝Pate

誕生・洗礼 ◆

出生率の低下は先進国一般に見られる傾向だが、ドイツも例外ではない。2010 年の統計によれば、日本とドイツの出生率はともに 1,39 人で、両国とも世界で低いレベルにある。ドイツでも児童手当てを引き上げるなど様々な方策を試みているが、出生率の向上にはつながっていない。さて、新たに生まれた子供をキリスト教徒とするための儀式を「洗礼（*Taufe*）」という。洗礼は誕生から 2 〜 3 ヶ月後、遅くとも 1 年以内に行われるのが普通である。洗礼の日には子供は白の晴れ着を着せられ、両親、洗礼立会人（*Pate*）と共に教会におもむく。洗礼のための聖水の入った洗礼盤（*Taufbecken*）を囲み、牧師が洗礼立会人に抱かれた子供の額を水で濡らし、次のような祝福のことばを述べる。「トーマス（子供の名前）、父と子と聖霊の名において汝に洗礼を施す。」なお、*Taufe*（洗礼）は *tauchen*（潜る、水に浸す）に由来することばである。

Grammatik ◆

§1 名詞の複数形 💿24

	単　数		複　数
ゼロ語尾型	Lehrer	先生	Lehrer
	Bruder	兄弟	Brüder
-e 型	Tag	日	Tage
	Arzt	医者	Ärzte
-er 型	Buch	本	Bücher
（常にウムラウト）	Haus	家	Häuser
-n/-en 型	Schwester	姉妹	Schwestern
	Frau	女性	Frauen
-s 型	Hotel	ホテル	Hotels
	Auto	自動車	Autos

§2 複数名詞の格変化

複数3格で -n をつける。ただし、複数形自体が -n あるいは -s で終わる場合にはつけない。また、定冠詞は、性に関係なく同一の変化をする。

単数		der Bruder	die	Schwester
	1格	die Brüder	die	Schwestern
複数	2格	der Brüder	der	Schwestern
	3格	den Brüdern	den	Schwestern
	4格	die Brüder	die	Schwestern

§3 動詞の現在人称変化（不規則変化）

	a－ä 型	e－i 型	e－ie 型	
不定詞	schlafen 眠る	sprechen 話す	sehen 見る	wissen 知っている
ich	schlafe	spreche	sehe	weiß
du	schläfst	sprichst	siehst	weißt
er	schläft	spricht	sieht	weiß
wir	schlafen	sprechen	sehen	wissen
ihr	schlaft	sprecht	seht	wisst
sie	schlafen	sprechen	sehen	wissen

§4 命令形

	基本タイプ	e－i/ie 型の動詞	
不定詞	kommen 来る	sprechen 話す	sein …である
du に対する命令形	Komm!	Sprich!	Sei!
ihr に対する命令形	Kommt!	Sprecht!	Seid!
Sie に対する命令形	Kommen Sie!	Sprechen Sie!	Seien Sie!

1 ▶ 次の複数名詞の単数形を調べなさい。

　　　　　　　　　　　　　　　　（単数形）　　　　　　（性）　　　　　　（意味）

1. Gäste _____ _____ _____

2. Kleider _____ _____ _____

3. Taschen _____ _____ _____

4. Türen _____ _____ _____

5. Babys _____ _____ _____

2 ▶ （　　）の動詞を適当な形に変えて下線部に入れ、和訳しなさい。

1. Der Student _____ sehr gut Deutsch.　(sprechen)

2. Lisa _____ eine Bluse.　(tragen)

3. Das _____ ich auch nicht.　(wissen)

4. Das Baby _____ schon lange.　(schlafen)

5. Ich brauche Hilfe.　_____ bitte schnell!　(kommen)

3 ▶ 下の図は Lisa の家族を示しています。親族名称をドイツ語で言ってみましょう。第１課の Lesetext も参考にして下さい。

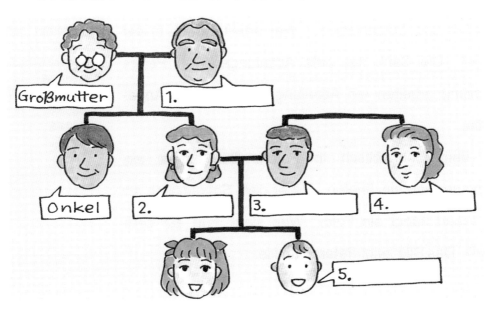

4 *Lesetext* ◆ ₂₅

Am Morgen fährt Peter mit dem Auto zur Arbeit. Peter arbeitet bei einer Bank. Was tut er dort? Er berät die Kunden. Sie kommen zu ihm und fragen ihn nach Krediten und Geldanlagen. Wer arbeitet noch in der Bank? Die Bank hat viele Abteilungen. In Peters Abteilung arbeiten ein Abteilungsleiter und 20 Angestellte.

Auf dem Schreibtisch in Peters Büro steht ein Computer und ein Telefon. Über dem Schreibtisch an der Wand hängt ein Foto. Wen sieht man auf dem Foto? Das Bild zeigt Peters Familie.

am Morgen 朝に，zur Arbeit 仕事に（いずれも前置詞 an 及び zu と定冠詞との融合形）
tut ＜ tun する
berät ＜ beraten （顧客の）相談にのる
Krediten und Geldanlagen ローンや投資
Abteilungsleiter 部長
20 Angestellte ＝ zwanzig Angestellte

26

Peter: Guten Morgen, Herr Schreiber! Ich habe eine Frage: Wer fährt mit mir zu der Tagung nach Frankfurt?

Abteilungsleiter: Der Kollege Braun begleitet Sie. Ich habe auch eine
Schreiber　Frage an Sie: Wann haben Sie Urlaub und wie lange?

Peter: Ich nehme in drei Wochen 18 Tage Urlaub.

Schreiber: Aha. Dann schicke ich Ihnen Herrn Müller als Vertreter. Was planen Sie denn für den Urlaub? Wohin reisen Sie?

Peter: Wir fahren mit dem Auto an die Ostsee zum Baden.

---

18 Tage＝achtzehn Tage

Vertreter　（休暇中の仕事を）代行する人

職業・休暇 ◆

4

ここでジョークをひとつ。「17番目のドイツの州はどこか。」答えは地中海に浮かぶスペイン領「マジョルカ島」。もちろんドイツの州は16までしかないのだが、この島がドイツ人のバカンス客にとても人気があり、まるでドイツのコロニーのようなのでこういったジョークも生まれたわけだ。（ちょうど日本人にとってのハワイやグァムといったところか。）ところでドイツの労働者は年平均30日の休暇を取ることが認められている。そのうち一番長い休みは、子供の夏休みに合わせてとり、海や山で過ごす。特に夏が短かく冬の長いドイツでは、太陽の光に対する憧れはことのほか強く、イタリア、スペインといった地中海沿岸諸国に人気がある。そのため、南へ下るアウトバーンが麻痺状態に陥るのを防ぐ策として、各州が学校の夏休みを少しずつずらして設定している。日本人は、休みや休暇となると遊ぶことにも頑張ってしまうが、ドイツ人は、一日中海辺やプールサイドに寝そべったり、本を読んだりして文字通り何もせずに休む。

4 *Grammatik* ◆

§1 人称代名詞の3格と4格 🎧27

	1人称	2人称		3人称		
		親称	敬称			
1格 …が	ich 私	du 君	Sie あなた	er 彼	sie 彼女	es それ
3格 …に	mir	dir	Ihnen	ihm	ihr	ihm
4格 …を	mich	dich	Sie	ihn	sie	es
1格 …が	wir 私たち	ihr 君たち	Sie あなた方		sie 彼ら	
3格 …に	uns	euch	Ihnen		ihnen	
4格 …を	uns	euch	Sie		sie	

◈ 人称代名詞には〈er＝彼〉、〈sie＝彼女・彼ら〉、〈es＝それ〉、という用法に加えて、er は先行する〈男性名詞〉を、sie は〈女性名詞・複数名詞〉を、es は〈中性名詞〉を受ける用法があるので注意。

§2 疑問代名詞 🎧28

	誰	何
1格 …が	wer （英：*who*）	was （英：*what*）
2格 …の	wessen	—
3格 …に	wem	—
4格 …を	wen	was

§3 前置詞の格支配 🎧29

前置詞は、一定の格の名詞・代名詞を支配する。

2格支配　：außerhalb の外に、　während の間に、　wegen の理由で、　など
　　　　　　　außerhalb der Stadt 町の郊外で、　wegen der Krankheit 病気のために

3格支配　：mit で、と一緒に、　von の、から、　zu のところへ、　など
　　　　　　　mit dir 君と一緒に、　das Buch von Hans ハンスの本

4格支配　：durch を通って、　für のために、　ohne なしに、　など
　　　　　　　durch die Stadt 町を通って、　für ihn 彼のために

3・4格支配（空間表示の9つの前置詞）：an にくっついて、　auf の上、　hinter の後ろ、
　　　in の中、　neben の横、　über の上方、　unter の下方、　vor の前、
　　　zwischen の間。　「静止状態」「動作の行われる場所」を表す時には3格を、
　　　「移動の方向」を表す時には4格を用いる。
　　　　　Ich wohne in der Stadt.（3格）　私は町に住んでいる。
　　　　　Ich gehe in die Stadt.（4格）　　私は町に行く。

§4 前置詞と定冠詞との融合形 🎧30

定冠詞で「その」と特に強く指示するに及ばない時に、前置詞と定冠詞が融合する。
　　zur ＜ zu der：zur Arbeit 仕事へ、　am ＜ an dem：am Morgen 朝に

1 下線部に適当な代名詞を入れ、和訳しなさい。

1. Helfen Sie mir? — Ja, ich helfe _____.

2. Kennst du das Krankenhaus? — Nein, ich kenne _____ nicht.

3. Wie schmeckt dir das Essen? — Es schmeckt _____ sehr gut.

4. Wer begleitet Peter? — Herr Braun begleitet _____.

2 次の前置詞の中から適当なものを選んで（　　）に入れ、和訳しなさい。

nach　　auf　　an　　mit

1. (　　　　　) dem Schreibtisch steht ein Computer.

2. Wann fahren Sie (　　　　) Frankfurt?

3. (　　　　　) der Wand hängt ein Foto.

4. Peter fährt (　　　　) dem Auto zur Arbeit.

3 職業（Beruf）についての対話練習をしよう。　🔘₃₁

パターン A：Was sind Sie von Beruf?　あなたの職業はなんですか。

例　Arzt 医者　　　　　　　　　　　　　　→　Ich bin Arzt.

1. Student 大学生　　　　　　　　　　　→　_____

2. Lehrer 教師　　　　　　　　　　　　→　_____

3. Ingenieur エンジニア　　　　　　　　→　_____

*女性形：Ärztin, Studentin, Lehrerin, Ingenieurin

パターン B：Was sind Sie von Beruf?　あなたの職業はなんですか。

例　Restaurant 中 レストラン　　　　　　→　Ich arbeite in einem Restaurant.
　　　　　　　　　　　　　　　　　　　　　私はレストランで働いています。

1. Warenhaus 中 デパート　　　　　　　→　_____

2. Maschinenfabrik 女　　　　　　　　　→　_____
　　機械工場

3. bei der Post 郵便局で　　　　　　　　→　_____

5 *Lesetext* ◆ ₃₂

Lisa wartet schon lange auf diesen Tag. Heute heiratet ihre Tante Brigitte. Zu diesem Fest kommen sechzig Gäste. Alles ist sehr feierlich. Das Kleid der Braut ist lang und weiß.

Im Gottesdienst spielt die Orgel und ein Streich-quartett. Großvater liebt solche Musik. Aber Lisa hat keine Geduld mehr. Der Pfarrer spricht über die Ehe. Seine Predigt ist sehr lang.

Vor der Kirche streut Lisa Blumen. Jeder Gast gratu-liert dem Brautpaar. Dann feiern alle bis in die Nacht hinein.

Lisa wartet auf diesen Tag. リーザはこの日を待っている (*wait for*)
Gottesdienst ミサ
Streichquartett 弦楽四重奏団
Lisa hat keine Geduld mehr. リーザはもう大人しくしていられない
streut < streuen まく
bis in die Nacht hinein 夜遅くまで

Lisa : Mama, Tante Brigitte ist so schön.

Bekomme ich auch einmal ein solches Kleid?

Monika : Sicher heiratest du auch einmal.　Dann ist dein Kleid bestimmt

auch so schön wie dieses hier.　Aber manche Leute feiern kein

solches Hochzeitsfest mit Brautkleid und vielen Gästen.

Welche Ideen hast du für deine Hochzeit?

Lisa : Oh, meine Hochzeit ist sicher einmal groß und feierlich.

Aber die Predigt in der Kirche ist nur kurz.

---

einmal　いつかは　　dieses hier＝dieses Kleid hier

結婚式　◆

5

「ご結婚おめでとうございます」はドイツ語で
Herzlichen Glückwunsch zur Hochzeit（ま
たは *Vermählung*)!" という。ここでは古くか
らドイツに伝わる結婚の風習を２つ紹介しよう。
その１つが *Polterabend*。*poltern* とは「ガ
チャガチャ音をたてる」の意で、婚礼の前夜に
友人たちがいらなくなった皿などを地面に投げ
つけて割るなどして大騒ぎをする慣わしのこと
をいう。これは大きな音には魔除けの効果があ
る、という俗信に由来し、*Scherben bringen*
Glück.（割れものは幸運をもたらす）といったことわざもある程だ。もう１つは *Brautentführung*。
これを「花嫁の誘拐」と訳すと何やら物騒だが、これも１つの愉快ないたずらといったもの。パーティ
ーの席上友人たちが秘かに花嫁を「誘拐」し飲み屋を梯子する。新妻のいないことに気づいた花婿
は、ある飲み屋で彼女をやっと見つけ出すのだが、それまでに友人たちが飲んだ酒代（これがいわば
身代金）をすべて払わされるというオチがついている。

5 *Grammatik* ◆

§1 定冠詞類（dieser 型）

定冠詞とほぼ同じ変化をする。

dieser この (*this*)、aller すべての (*all*)、jener あの (*that*)、solcher そのような (*such*)、jeder どの…も皆 (*every, each*)、mancher いくつもの (*some*)、welcher どの (*which*)

	男性	女性	中性	複数
1格	dieser	diese	dieses	diese
2格	dieses	dieser	dieses	dieser
3格	diesem	dieser	diesem	diesen
4格	diesen	diese	dieses	diese

§2 不定冠詞類（mein 型）

不定冠詞とほぼ同じ変化をする。ただし、複数は定冠詞類に準じる。

所有冠詞：mein 私の (*my*)、dein 君の (*your*)、sein 彼の (*his*) / それの (*its*)、ihr 彼女の (*her*) / 彼らの (*their*)、unser 私たちの (*our*)、euer 君たちの (*your*)、Ihr あなたの、あなたがたの (*your*)

否定冠詞：kein 一つも…ない (*no*)

	男性	女性	中性	複数
1格	mein	meine	mein	meine
	Ihr	Ihre	Ihr	Ihre
2格	meines	meiner	meines	meiner
	Ihres	Ihrer	Ihres	Ihrer
3格	meinem	meiner	meinem	meinen
	Ihrem	Ihrer	Ihrem	Ihren
4格	meinen	meine	mein	meine
	Ihren	Ihre	Ihr	Ihre

§3 否定文：kein と nicht の使い分けの原則 ◉34

kein：不定冠詞つきの名詞及び無冠詞の名詞を含む文の否定。

Ich habe ein Auto. → Ich habe kein Auto.

Ich habe Durst. → Ich habe keinen Durst.

nicht：定冠詞つきの名詞あるいは代名詞のみからなる文、及び形容詞文の否定。

Ich kenne den Mann. → Ich kenne den Mann nicht.

Ich kenne ihn. → Ich kenne ihn nicht.

Wilhelm ist alt. → Wilhelm ist nicht alt.

1 例にならって（　　）に適当な所有冠詞を入れ、和訳しなさい。

例　Ich habe ein Auto. — Das ist (mein) Auto.

1.　Wir haben ein Haus. — Das ist (　　　　　) Haus.

2.　Ich habe eine Tante. — (　　　　　) Tante heißt Brigitte.

3.　Wann ist Peters Geburtstag? — (　　　　　) Geburtstag ist morgen.

4.　Kennst du Lisas Großvater? — Ja, (　　　　　) Großvater kenne ich sehr gut.

5.　Herr Müller begleitet uns. — Herr Müller ist also (　　　　　) Begleiter.

2 次の文を否定文に変え、和訳しなさい。

1.　Das weiß ich.　　　→ _____

2.　Lisa hat Hunger.　→ _____

3.　Ich habe eine Frage. → _____

4.　Das Kleid ist weiß.　→ _____

5.　Sag es bitte!　　　→ _____

3 例にならって色々な国々の人たちを紹介してみましょう。

例　John — England — （男性）Engländer /（女性）Engländerin
　　　　John kommt aus England.　Er ist Engländer.

1.　Lisa — Deutschland — Deutscher / Deutsche

　　_____　_____

2.　Pierre — Frankreich — Franzose / Französin

　　_____　_____

3.　Claudia — Italien — Italiener / Italienerin

　　_____　_____

4.　Takeshi — Japan — Japaner / Japanerin

　　_____　_____

5.　Ali — die Türkei — Türke / Türkin

　　_____　_____

6.　Xiao Qiang （小強 シャオ チャン）— China — Chinese / Chinesin

　　_____　_____

Lektion 6 *Schule und Studium* 学校・大学

6 ▶ *Lesetext* ◆ 35

Lisa besucht die zweite Klasse der Grundschule. Sie geht gerne in die Schule, weil ihre Lehrerin sehr nett ist. Der Unterricht findet von Montag bis Freitag statt und dauert jeden Tag vier bis sechs Stunden.

Am Morgen packt Lisa ihre Bücher und Hefte ein. Monika gibt ihr ein Pausenbrot mit, obwohl Lisa es meistens nicht isst.

Lisa weiß, dass heute Rechnen, Deutsch und Turnen auf dem Stundenplan stehen. Der Unterricht endet, wenn die Schulglocke läutet.

die zweite Klasse der Grundschule　基礎学校第2学年(日本の小学校第2学年に相当)
vier bis sechs Stunden　4～6 時間
Pausenbrot　午前のおやつのパン
Stundenplan　時間割
Schulglocke　学校のベル

Kathrin : Leihst du mir bitte dein Rechenheft bis morgen aus?

Dann schreibe ich die Aufgaben noch ab.

Lisa : Ja.　Du bekommst es, weil du meine Freundin bist.　Pack das

Heft gleich ein!　Aber bring es mir unbedingt morgen wieder

mit!　Du weißt, dass die Lehrerin die Hefte dann einsammelt

und korrigiert.

Kathrin : Natürlich mache ich das.　Ich bringe dir das Heft schon heute

Nachmittag, wenn du das willst.

Rechenheft　算数のノート　　willst < wollen　望む

学校・大学 ◆

6

学年	大学	専門大学	専門学校	年齢
13		職業教育諸学校	職業学校と企業	18
12	総合制		での職業教育	17
11	学校			16
10				15
9		ギムナジウム	実科学校	基幹学校	14
8					13
7					12
6	オリエンテーション段階			11
5				10
4	基礎学校			9
3				8
2				7
1				6
	幼稚園			5
				4
				3

ドイツの義務教育は日本の小学校に相当する *Grundschule*（基礎学校）から始まる。満6歳で入学し、基礎学校における4年間の教育が終ると生徒の成績、親・本人の希望により次の3つのコースのどれかを選ぶこととなる。1) *Hauptschule*（基幹学校）：将来の職人・工員養成のコース、2) *Realschule*（実科学校）：主として事務職になる人のためのコース、3) *Gymnasium*（ギムナジウム）：大学進学を目指す人のためのコース。ところでドイツの大学の特色を挙げれば次の3つとなる。1) 大学入試がない。といっても *Abitur*（アビトゥーア）と呼ばれる高校卒業と大学入学資格を兼ねる試験に合格しなければならない、2)「いつでも、どれでも、好きなだけ。」 *Abitur* は資格だからいつ大学に入学してもよいし、どこの大学のどの学部を選んでも構わない。（ただし医学部などは成績の点で一定の条件がある）そして、好きなだけ長く勉強しても構わない。（ただし、これも一定の上限が加えられるようになった）、3) これまでドイツの大学の授業料は無料であったが、2007年より有料となった。ただしその額は一学期あたり500ユーロ程度である。

Grammatik ◆

§1 **従属接続詞と副文** ◎ ₃₇

以下の従属接続詞に導かれる文では定動詞は文末に置かれる。定動詞が文末に置かれる文を「副文」と呼ぶ。

als (*when, as*), dass (*that*), ob (*if, whether*), obwohl (*though*), weil (*because*), wenn (*when, if*)　など

> Ich weiß, **dass** er heute nicht *kommt*.　　　彼が今日来ないことを私は知っている。
>
> Er kommt heute nicht, **weil** er krank *ist*.　　彼は病気なので今日来ない。

§2 **分離動詞と非分離動詞** ◎ ₃₈

1）**分離動詞**

主文の定動詞として用いられる場合に、前綴りが文末に置かれるタイプの動詞を「分離動詞」と呼ぶ。アクセントは前綴りに置かれる。また、基礎動詞部分（下の例では steht）と前綴り（auf）で「枠構造」を作る。

> áuf|stehen (*stand up*)　起きる
>
> Er **steht** morgens um 7 Uhr **auf**.　彼は朝7時に起きる。
> └─────枠構造─────┘
>
> **Steht** er morgens um 7 Uhr **auf**?　彼は朝7時に起きますか。
> └─────枠構造─────┘

なお、分離動詞は副文では分離せず文末に置かれる。

> Ich weiß, dass er morgens um 7 Uhr **aufsteht**.
>
> 　　　　　　　　　　彼が朝7時に起きることを私は知っている。

2）**非分離動詞**

be-, emp-, ent-, er-, ge-, ver-, zer- といった前綴りは分離せず、これらの前綴りを持つ動詞は「非分離動詞」と呼ばれる。アクセントは基礎動詞部分に置かれる。

> besúchen　訪問する
>
> Er **besucht** mich morgen.　彼は明日私を訪問する。
>
> verstéhen　理解する
>
> Er **versteht** mich gar nicht.　彼は私のことが全然わかっていない。

1 ▶ Lesetext と Dialog から分離動詞と非分離動詞を抜き出し、その不定詞を下線部に書きなさい。またその意味も（　　）に記入しなさい。

分離動詞　　1. _____ (　　　　　) 　2. _____ (　　　　　)
　　　　　　3. _____ (　　　　　) 　4. _____ (　　　　　)
　　　　　　5. _____ (　　　　　) 　6. _____ (　　　　　)
　　　　　　7. _____ (　　　　　)

非分離動詞　1. _____ (　　　　　) 　2. _____ (　　　　　)

2 ▶ 次の接続詞の中から適当なものを選んで（　　　）に入れ、和訳しなさい。

weil　　dass　　wenn　　obwohl

1. Weißt du, (　　　　　) meine Tante Brigitte morgen heiratet?
2. Lisa bringt dem Großvater eine Flasche Bier, (　　　　　) er Durst hat.
3. (　　　　　) ich Zeit habe, rufe ich dich an.
4. (　　　　　) er krank ist, kommt er dennoch.

3 ▶ 自己紹介ができるように対話練習をしましょう。右の単語を参考にして下さい。 🔘39

1. Wie heißen Sie (heißt du)?
2. Was sind Sie (bist du) von Beruf?
3. Woher kommen Sie (kommst du)?
4. Wo wohnen Sie (wohnst du)?
5. Wie alt sind Sie (bist du)?
6. Haben Sie (Hast du) Geschwister?
7. Was studieren Sie (studierst du)?
8. Was ist Ihr (dein) Hobby?

専攻　Jura 法律　　Philosophie 哲学
　　　Literatur 文学　　Pharmazie 薬学
　　　Wirtschaftswissenschaft 経済学
　　　Technik 工学　　Medizin 医学
　　　Physik 物理学　　Chemie 化学
　　　Pädagogik 教育学　Kunst 美術

趣味　Sport　lesen　Musikhören
　　　スポーツ　読書をする　音楽鑑賞
　　　Filmesehen　Karaoke　Reisen
　　　映画鑑賞　　　カラオケ　　旅行
　　　Briefmarkensammeln
　　　切手収集
　　　Gartenarbeit　Autofahren　Kochen
　　　庭仕事　　　　ドライブ　　　料理

Lektion 7　*Wehrdienst* 兵役

7 ▶ *Lesetext* ◆ 🔘 40

Peter muss jetzt in der Bank viel arbeiten.　Ein junger
Mitarbeiter ist mit seiner Ausbildung fertig und wird nun
mit dem Wehrdienst beginnen.　Er soll diesen Dienst
beim Heer ableisten.　Das dauert neun Monate.
Danach will er wieder in der Bank arbeiten.

Peter wird in dieser Zeit keinen anderen Mitarbeiter
bekommen.　Seine Kollegen und er werden die Arbeit
alleine schaffen müssen.

junger ＜ jung　若い（→ 第
　8 課）
Mitarbeiter　同僚
Ausbildung　職業教育
Heer　陸軍
ableisten　勤めあげる
keinen anderen Mitarbeiter
　bekommen　いかなる代
　わりの同僚もよこしても
　らえない。（形容詞の変化
　→ 第 8 課）

（注）ドイツの兵役義務は、2011年7月1日をもって停止され、志願制に移行しましたの
　　　で、ドイツ語テキスト・日本語解読文ともそのつもりで読んでください。

41

Monika： Peter, wirst du morgen wieder so spät nach Hause kommen?

Peter： Das kann schon sein.　Mein Mitarbeiter in der Bank geht für

neun Monate zur Bundeswehr.

Er muss dort seinen Wehrdienst leisten.

Wilhelm： Er muss doch gar nicht zur Bundeswehr gehen, wenn er nicht

möchte.

Er kann doch auch Zivildienst leisten.

Peter： Wehrdienst oder Zivildienst — die Überstunden werde ich so

oder so machen müssen.

Das kann schon sein.　きっとそういうことになるだろうよ

Bundeswehr　連邦国防軍　　doch　（5行目）だが、（7行目）だって

Zivildienst　（兵役の代わりに行う）代替社会奉仕

so oder so　いずれにせよ

ドイツ連邦国防軍（*Bundeswehr*）は約25万人の兵力を擁し、NATOの指揮下に置かれている。ドイツには兵役義務があり、18歳以上の男子のうち適格とされた者は9ヶ月の兵役（*Wehrdienst*）に就かねばならない。しかし日本の憲法にあたるドイツの基本法は、「良心上の理由」により武器による戦争役務を拒否する権利も認め、そのような戦争役務拒否者には代替役務

（*Ersatzdienst*）あるいは代替社会奉仕（*Zivildienst*）とか呼ばれる非軍事役務を義務づけている。代替役務も兵役と同じく9ヶ月で、病院や介護施設などで働くことになる。現在その数は約8万人程で、ドイツの福祉を支えるひとつの柱ともなっている。なおドイツ連邦軍は2008年において、国連の委託により実施されている平和維持及び人道支援を目的とする8つの海外派遣団（コソボ、レバノンなど）に参加している。

7 *Grammatik* ◆

§1 話法の助動詞 💿 42

	dürfen ～しても よい	können ～できる (*can*)	mögen ～かもし れない (*may*)	müssen ～ねばな らない (*must*)	sollen ～べきで ある (*shall*)	wollen ～するつも りである (*will*)	möchte ～したい
ich	darf	kann	mag	muss	soll	will	möchte
du	darfst	kannst	magst	musst	sollst	willst	möchtest
er	darf	kann	mag	muss	soll	will	möchte
wir	dürfen	können	mögen	müssen	sollen	wollen	möchten
ihr	dürft	könnt	mögt	müsst	sollt	wollt	möchtet
sie	dürfen	können	mögen	müssen	sollen	wollen	möchten
Sie	dürfen	können	mögen	müssen	sollen	wollen	möchten

助動詞（定形）＋不定詞（文末）で「枠構造」を作る。

Peter **muss** in der Bank viel **arbeiten**.　ペーターは銀行でたくさん働かなければならない。
└──────枠構造──────┘

Muss Peter in der Bank viel **arbeiten**?　（上の例文の疑問文）
└──────枠構造──────┘

§2 未来の助動詞 werden 💿 43

werden は不定詞と共に用いると未来を表現できる。werden（定形）＋不定詞（文末）で「枠構造」を作る。

不定詞　werden

ich	werde		wir	werden
du	wirst		ihr	werdet
er	wird		sie	werden
		Sie	werden	

◆werden は本動詞としては「…になる」の意。

Peter **wird** die Arbeit alleine **schaffen**.　ペーターはその仕事を一人でこなすだろう。
└────── 枠構造 ──────┘

Wird Peter die Arbeit alleine **schaffen**?　（上の例文の疑問文）
└──────枠構造──────┘

1 ▶ （　　）の助動詞を挿入して文を作り替え、和訳しなさい。

1. Ich arbeite in der Bank.　(wollen)

   _____

2. Er geht zur Bundeswehr.　(müssen)

   _____

3. Das schaffst du nicht alleine.　(können)

   _____

4. Er kommt morgen wieder spät nach Hause.　(werden)

   _____

2 ▶ 「…したい」「…がほしい」を表現する時に用いられる möchte はとても便利
な助動詞です。例にならって対話練習をしましょう。

例　Was möchten Sie trinken？　(Bier)

　　→ Ich *möchte* Bier trinken.

1. Was möchten Sie kaufen?　(ein Kleid)

   → _____

2. Wo möchten Sie arbeiten?　(bei einer Bank)

   → _____

3. Wohin möchten Sie fahren?　(nach Berlin)

   → _____

4. Wen möchtest du besuchen?　(Tante Brigitte)

   → _____

5. Mit wem möchtest du sprechen?　(mit Peter)

   → _____

3 ▶ 次の早口ことばを練習してみよう。 ◉ 44

1. Die Katze kommt die Treppe hoch.　Die Treppe kommt die Katze hoch.
   猫が階段を上がってくる。階段を猫が上がってくる。

2. Fischers Fritze fischte frische Fische.　Frische Fische fischte Fischers Fritze.
   漁師のフリッツェが新鮮な魚を釣った。新鮮な魚を漁師のフリッツェが釣った。

Ausländer 外国人

Lesetext 45

Lisa hat einen neuen Klassenkameraden. Er heißt Ali und ist Türke. Er hat schwarze Haare und fröhliche Augen. Seine Familie lebt schon länger als zehn Jahre in Deutschland.

Ali kennt die Türkei gut, weil er jeden Sommer seine Verwandten dort besucht. Alle Kinder stellen neugierige Fragen. Dann erzählt er vom Schwarzen Meer, von der heißen Sonne und von der größten Stadt des Landes, von Istanbul. Deutschland kennt Ali aber noch besser, denn hier lebt er das ganze Jahr.

Klassenkamerad クラス
メート（男性弱変化名詞：
単数 1 格のみ Klassen-
kamerad で、それ以外は単
複すべての格で Klassen-
kameraden となる）
die Türkei トルコ なお中
性名詞の国名は無冠詞で
用いるが（例：Deutsch-
land）、男性名詞・女性名
詞及び複数形の国名には
必ず定冠詞をつける
das Schwarze Meer 黒海

Dialog

46

Lisa : Deine Ferien sind interessanter als meine.

Ali : Die Türkei ist ein tolles Land.

Dieses Jahr fährt mein Vater mit uns in das hohe Pontus-Gebirge.

Lisa : Ali, wo willst du lieber wohnen, in Istanbul oder in München?

Ali : Das ist eine schwierige Frage.

Ich glaube, am liebsten will ich in der Türkei leben und meine besten Freunde aus Deutschland mitnehmen.

das Pontus-Gebirge　ポントス山脈（トルコの黒海沿岸の山脈地帯）

外国人

「人種のるつぼ」というとすぐアメリカ合衆国を思い浮かべるかもしれないが、今ではドイツも歴とした「多民族国家」といえる。現在全人口の約 8.8 ％にあたる 726 万人が外国人となっている。このような外国人居住者の大幅な増加は主として 2 つの理由による。まず第一に「奇跡の経済発展」と呼ばれた 60 年代、スペイン、ポルトガル、イタリア、トルコといった国々から多くの外国人労働者（Gastarbeiter）を呼び寄せたこと。もう 1 つは、世界各地、最近では特に旧ユーゴスラビアから戦後寛大な難民政策をとってきたドイツに大量の難民が殺到したことがある。ところで国籍別にみたドイツ居住外国人の数を多い順に挙げると、在住外国人の約 30 ％を占めるトルコを筆頭に、イタリア、セルビア／モンテネグロ、ギリシャ、ポーランドとなる。なお、2005 年には、移住者の社会的統合を目的とした「移民法」が定められた。1 つの社会の中で多民族がいかに折り合いをつけていくのかが 21 世紀のドイツの最大の課題となるだろう。

Grammatik ◆

形容詞の格変化

1) 定冠詞類＋形容詞＋名詞

	男性		女性		中性		複数	
1格	der gute	Mann	die gute	Frau	das gute	Kind	die guten	Kinder
2格	des guten	Mann(e)s	der guten	Frau	des guten	Kind(e)s	der guten	Kinder
3格	dem guten	Mann	der guten	Frau	dem guten	Kind	den guten	Kindern
4格	den guten	Mann	die gute	Frau	das gute	Kind	die guten	Kinder

2) 不定冠詞類＋形容詞＋名詞

	男性		女性		中性		複数	
1格	ein guter	Mann	eine gute	Frau	ein gutes	Kind	meine guten	Kinder
2格	eines guten	Mann(e)s	einer guten	Frau	eines guten	Kind(e)s	meiner guten	Kinder
3格	einem guten	Mann	einer guten	Frau	einem guten	Kind	meinen guten	Kindern
4格	einen guten	Mann	eine gute	Frau	ein gutes	Kind	meine guten	Kinder

3) 形容詞＋名詞

	男性		女性		中性		複数	
1格	guter	Mann	gute	Frau	gutes	Kind	gute	Kinder
2格	guten	Mann(e)s	guter	Frau	guten	Kind(e)s	guter	Kinder
3格	gutem	Mann	guter	Frau	gutem	Kind	guten	Kindern
4格	guten	Mann	gute	Frau	gutes	Kind	gute	Kinder

◆序数詞（iv §1 数詞, 2)）も形容詞と同じ変化をする。

比較変化 ◎47

	原　級	比較級 -er	最高級 -(e)st / am -(e)sten
規 則 的	klein 小さい groß 大きい hoch 高い	kleiner größer höher	kleinst / am kleinsten größt / am größten höchst / am höchsten
不規則的	gut よい viel たくさんの gern 好んで (副詞)	besser mehr lieber	best / am besten meist / am meisten am liebsten

Er ist so groß wie ich.　　彼は私と同じくらい背が高い。
Er ist größer als ich.　　彼は私より背が高い。
Er ist der Größte / am größten in der Klasse.　彼はクラスで一番背が高い。

例にならって買いたい品物をドイツ語で言ってみましょう。

色彩の形容詞：rot (*red*), blau (*blue*), grün (*green*), weiß (*white*), schwarz (*black*)

例　Krawatte 女　　　　　　Ich möchte eine grüne Krawatte.
私は緑のネクタイがほしい。

1. Hut 男　　　　　　　　_____

2. Rock 男　　　　　　　_____

3. Hemd 中　　　　　　_____

4. Hose 女　　　　　　_____

以下に挙げてあるのは世界の代表的な山々です。下線部に適当な比較表現を入れなさい。

der Everest (8848 m), der Montblanc (4807 m), der Fuji (3776 m), die Zugspitze (2963 m)
höher (hoch の比較級),　　höchst (hoch の最高級),　　niedriger (niedrig の比較級)

1. Der Fuji ist _____ als die Zugspitze. (ツークシュピッツェはドイツの最高峰)

2. Aber der Fuji ist _____ als der Montblanc.

3. Der Everest ist _____ als der Montblanc.

4. Der Everest ist der _____ Berg auf der Welt.

次の 1.〜4. の会話が完成するように（　　）の中に入れるのに最も適切なものを下の 1)〜4) のうちから選びなさい。

1. A: Wie geht es Ihnen? — B: Danke, gut. （　　　　　）?

   1) Nichts　　　2) Leider　　　　3) Und Ihnen　　4) Schade

2. A: Entschuldigung, ist hier noch frei?
   — B: （　　　）, hier ist schon besetzt.

   1) Wie bitte　　2) Wie schön　　3) Tut mir Leid　　4) Nichts zu danken

3. Kaufmann: Herr Bauer, das ist meine Frau Anna.
   　　Bauer: Guten Tag, Frau Kaufmann. Sehr （　　　）.

   1) angenehm　　2) viel　　　　3) fleißig　　　4) spät

4. A: （　　　）kommen Sie? — B: Ich komme aus Japan.

   1) Wie　　　2) Woher　　　3) Wieso　　　4) Was

Lektion 9 *Krankenhaus* 病院

9 *Lesetext* ◆ 🔘 48

Draußen schneit es.　Es klingelt an der Haustür.
Monika geht zur Tür, um zu öffnen.　Da steht Lisa.
Sie weint, weil ihr Arm sehr schmerzt.　Sie erzählt von
ihrem Sturz auf der Treppe.　Monika sagt: „Wir fahren
ins Krankenhaus.　Ich ziehe mich schnell an.　Ich
beeile mich."
Lisa fürchtet sich vor dem Krankenhaus.　Aber sie
braucht keine Angst zu haben.　Die Ärzte und
Schwestern sind sehr nett.　Sie machen eine Röntgenaufnahme.　Lisa bekommt einen Gipsverband.　Der
Arzt erlaubt ihr, mit Monika wieder nach Hause zu
fahren.

Schwester＝Kranken-
　schwester
Röntgenaufnahme　レン
　トゲン撮影
Gipsverband　ギプス

49

Schwester: Bitte kommen Sie mit dem Kind in das Behandlungszimmer und gedulden Sie sich noch einen Moment!

Doktor: Guten Tag!　Bist du die Lisa?　Mein Name ist Doktor Hofmann.　Setz dich mal auf diesen Stuhl!　Wo tut es weh? Versuch bitte einmal, die Hand zu bewegen!

Lisa: Ich traue mich nicht, sie zu bewegen.　Es tut sehr weh.

Doktor: Wir machen eine Röntgenaufnahme.

Die Schwester begleitet dich.　Es dauert nicht lange.

---

die Lisa　人名に定冠詞をつけるのは（ドイツ南部の）口語的用法で、つけないのが標準語的

mal　（命令文で）さあ、ちょっと

Ich traue mich nicht, zu 不定詞　…することができない

病院　◆

9

かつて医学といえばドイツという時代があった。日本でも明治以来ドイツ医学が導入され、ドイツ語が医学を志す者の必須の外国語となり、カルテ（*Karte*）などもドイツ語で記入される程であった。現在ではそういった慣習も廃れたが、まだ肺ガン（*Lungenkrebs*）の符帳として *LK*（エル・カー）などが用いられているようだ。さて、ドイツでもし病気になった時のことを考えてみよう。緊急の場合には日本の119番に相当する112番を回して救急車を呼ぶことになるが、それ以外の時には開業医にかかることになる。日本のように直接大病院や大学付属病院に行くことはない。ドイツは完全な医薬分業となっているので、医者から処方箋（*Rezept*）をもらい薬局（*Apotheke*）で薬を買う。観光目的でドイツに滞在している場合などでは医者からの請求書に従って支払いを済ませ、オリジナル請求書を保険会社に送り、後で精算することになる。

9 *Grammatik* ◆

§1 再帰代名詞

主語と同一のものを表す人称代名詞を「再帰代名詞」という。3人称および敬称の2人称には sich を、その他は人称代名詞をそのまま用いる。

	ich	du	er sie es	wir	ihr	sie	Sie
3格	mir	dir	sich	uns	euch	sich	sich
4格	mich	dich	sich	uns	euch	sich	sich

§2 再帰動詞

再帰代名詞を伴い、これと一体化した動詞を「再帰動詞」という。多くは4格再帰代名詞をとる。

不定詞　sich^4 freuen　喜ぶ

ich	freue	mich	wir	freuen	uns
du	freust	dich	ihr	freut	euch
er	freut	sich	sie	freuen	sich
	Sie	freuen	sich		

sich^4 beeilen　急ぐ

sich^4 fürchten　恐れる

sich^3＋4格目的語＋vorstellen
　　　　　…を思い浮かべる

§3 非人称 es の用法 🔘50

Es regnet. (*It rains.*)

Es schneit.　雪が降る。

Wie spät ist es? — Es ist 10 Uhr.　何時ですか。—10時です。

Es klopft an der Tür.　ドアをノックする音がする。

Hier gibt es eine Kirche.　ここには教会がある。(es gibt＋4格目的語　…がある)

§4 zu 不定詞の用法 🔘51

lernen — zu lernen；分離動詞：auf|stehen — aufzustehen

Es ist schwierig, Deutsch zu lernen. (*It is difficult to learn German.*)

Sie brauchen nicht zu warten. (*You don't need to wait.*)

um … zu 不定詞　…するために (*in order to…*)：

Er studiert Deutsch, um Dolmetscher zu werden.
　　彼は通訳になるためにドイツ語を学んでいる。

36

sechsunddreißig

1 下線部に適当な再帰代名詞を入れ、和訳しなさい。

1. Du musst _____ beeilen.

2. Das Mädchen fürchtet _____ vor Hunden.

3. Draußen ist es sehr kalt.　Zieh _____ warm an!

4. Er freut _____ auf Weihnachten.

2 例にならって「目的」を意味する表現「um ... zu 不定詞」を練習しましょう。

例　Er studiert Deutsch. 彼はドイツ語を学ぶ。　Er wird Dolmetscher. 彼は通訳になる。

　→ Er studiert Deutsch, *um* Dolmetscher *zu* werden.
　　彼は通訳になるためにドイツ語を学ぶ。

1. Ich beeile mich.　Ich erreiche den Zug.

　→ _____

2. Sie fährt in die Stadt.　Sie macht Einkäufe.

　→ _____

3. Viele Gäste kommen.　Sie gratulieren dem Brautpaar.

　→ _____

4. Der Lehrer sammelt die Hefte ein.　Er korrigiert sie.

　→ _____

3 例にならって2通りの時刻の表現を練習しましょう。練習の前に iv ページのドイツ語の数詞をもう一度読んで下さい。◉52

例　5時　　　Es ist fünf Uhr.

5時半 { Es ist fünf Uhr dreißig.
　　　{ Es ist halb sechs.

5時15分 { Es ist fünf Uhr fünfzehn.
　　　　{ Es ist Viertel nach fünf.

5時45分 { Es ist fünf Uhr fünfundvierzig.
　　　　{ Es ist Viertel vor sechs.

Wie spät ist es ?

1.　　　　　　　　　2.　　　　　　　　　3.

_____　_____　_____

_____　_____　_____

Lektion 10 | *Weihnachten* クリスマス

10 ▶ *Lesetext* ◆ 🄯53

Lisa öffnet jeden Tag im Dezember ein Türchen ihres Adventskalenders.　Heute ist der 24. Dezember, es ist Heiliger Abend.　Lisa freut sich auf den Christbaum und ihre Geschenke.　In der heutigen Zeit sind für viele Leute die Weihnachtsgeschenke die Hauptsache.

Der Großvater erlebte das Fest noch anders： Alle Leute gingen in die Kirche.　Weihnachten war ein Fest der Besinnung, nicht des Konsums.　Man pflegte das alte Brauchtum.　Viele dieser Bräuche stammten aus heidnischer Zeit.

Adventskalender　アドベントカレンダー。アドベントとはクリスマス前の約4週間のことで、「待降節」とも呼ばれる。アドベントカレンダーの毎日の日付けには小さな扉（Türchen）が付いていて中に菓子が入っている
der 24. Dezember
　＝der vierundzwanzigste Dezember（第0課§1注を参照）
Heiliger Abend　クリスマスイブ
Christbaum　クリスマスツリー
Besinnung　心

🎧54

Lisa： Großvater, wie war Weihnachten in deiner Kindheit?

Wilhelm： Der Advent war eine geheimnisvolle Zeit.　Man aß Bratäpfel,

erzählte Geschichten und sang Lieder bei Kerzenschein.

Meine Mutter backte Plätzchen und versteckte sie im Schrank,

damit niemand davon naschte.

Vor der Bescherung durften wir Kinder das Weihnachtszimmer

nicht betreten.　Wir warteten, bis wir ein Glöckchen hörten,

dann liefen wir zum Christbaum.

Bratapfel　焼きリンゴ　　Kerzenschein　ろうそくの光
Plätzchen　クッキー　　damit　…するために。「目的」を表わす従属接続詞

クリスマス ◆

10

寒くて暗いドイツの長い冬を乗り切るために
人々は色々な工夫をしてきた。冬の時期にコン
サートや芝居が集中するのもその1つの例だが、
やはり最大のイベントは光の祭「クリスマス」
だろう。クリスマスシーズンは約1ヶ月前の
Advent（待降節）から始まり、町の広場には
Christkindlmarkt（クリスマスのための市）が
立ち、さまざまなクリスマス用の飾りが売りに
出される。各家庭では *Adventskranz* というモ
ミの木枝を編んだ環をテーブルに置き、毎日曜日ごとに一本ずつローソクに火をつけ、4本目のロー
ソクに火が点ると、いよいよクリスマスとなる。クリスマスイブ（*Heiliger Abend*）の夜にプレゼ
ントを持ってくるのはアメリカではサンタクロースだが、ドイツでは *Christkind*（幼子キリスト）
が運んでくることになっている。「メリークリスマス」は „*Frohe Weihnachten!*" という。なお、ク
リスマスは、12月25日と26日の2日間が祝日となっている。

Grammatik ◆

§1　動詞の三基本形（→ 巻末の主要不規則動詞変化表）

	不定詞	過去基本形	過去分詞
規則変化動詞 （弱変化動詞）	—en	—te	ge—t
	lernen	lernte	gelernt
	wohnen	wohnte	gewohnt
不規則変化動詞 (1) （強変化動詞）	—en	_*_	ge^(*)en
	geben	gab	gegeben
	gehen	ging	gegangen
不規則変化動詞 (2) （混合変化動詞）	—en	_*_te	ge—*t
	bringen	brachte	gebracht
	denken	dachte	gedacht
重要動詞（不規則変化）	sein	war	gewesen
	haben	hatte	gehabt
	werden	wurde	geworden
分離動詞	an|ziehen	zog…an	angezogen
非分離動詞	bekommen	bekam	bekommen
-ieren で終わる動詞	studieren	studierte	studiert

＊は幹母音が変化することを示す。

1) 非分離動詞、2) -ieren で終わる動詞では、過去分詞に ge- をつけない。

§2　過去人称変化

不定詞	lernen	gehen	sein	haben	werden
過去基本形	lernte	ging	war	hatte	wurde
ich —	lernte	ging	war	hatte	wurde
du —st	lerntest	gingst	warst	hattest	wurdest
er —	lernte	ging	war	hatte	wurde
wir —(e)n	lernten	gingen	waren	hatten	wurden
ihr —t	lerntet	gingt	wart	hattet	wurdet
sie —(e)n	lernten	gingen	waren	hatten	wurden
Sie —(e)n	lernten	gingen	waren	hatten	wurden

過去基本形が -e で終わっている時には、上の表の -(e) は付さない。

1 ▶ 次の動詞の三基本形を完成させ、（　　）に意味を記入しなさい。

	（不定詞）	（意味）	（過去基本形）	（過去分詞）
1.	hören	（　　　）	＿＿＿＿＿＿	＿＿＿＿＿＿
2.	＿＿＿＿＿	（　　　）	＿＿＿＿＿＿	gestanden
3.	＿＿＿＿＿	（　　　）	stand　auf	＿＿＿＿＿＿
4.	＿＿＿＿＿	（　　　）	＿＿＿＿＿＿	verstanden
5.	＿＿＿＿＿	（　　　）	gratulierte	＿＿＿＿＿＿

2 ▶ 下線部に用いられている動詞の過去形を（　　）に入れ、和訳しなさい。

1. Heute lernt Hans Japanisch, aber gestern (　　　　　) er Chinesisch.

2. Heute ist schönes Wetter, aber gestern (　　　　　) schlechtes Wetter.

3. Heute habe ich kein Geld, aber gestern (　　　　　) ich viel Geld.

4. Heute kommt nur ein Gast, aber gestern (　　　　　) viele Gäste.

5. Heute gewinnt er eine Million Euro, aber gestern (　　　　　) er noch mehr.

3 ▶ 以下は電話での会話です。空欄 (a)〜(e) の中に入れるのに最も適切なものを下の 1〜6 のうちから選びなさい。

Sabine： Sabine Schulz.
Fabian： Hallo Sabine.　Hier ist Fabian.　Was hast du denn?　(　a　)
Sabine： Hallo Fabian.　(　b　)　Ich habe Fieber.
Fabian： Hast du auch Halsschmerzen?
Sabine： Ja.　(　c　)
Fabian： Du musst ins Bett.　(　d　)
Sabine： Ja.　Kannst du in die Apotheke gehen und Tabletten kaufen?
Fabian： (　e　)　Ich komme gleich.
Sabine： Danke, das ist lieb!　Bis gleich.

1 Ja, kein Problem.
2 Kann ich etwas für dich tun?
3 Bist du krank?
4 Mir geht es nicht so gut.
5 Mein Kopf tut auch weh.
6 Ich habe schon etwas vor.

Lektion 11 | *Trauerfeier* 葬式

11 ▶ *Lesetext* ◆ 55

Lisa hat den Großvater noch nie so traurig gesehen. Seine Schwester ist gestorben. Heute wird sie beerdigt. In der Kirche findet eine Trauerfeier statt. Manche Leute weinen, alle tragen schwarze Kleider. Der Sarg ist vor dem Altar aufgebaut worden. Man hat ihn mit Blumen geschmückt.

Nachdem der Pfarrer eine Predigt gehalten hat, wird der Sarg auf den Friedhof getragen und in das Grab hinabgelassen. Alle sprechen der Familie der Verstorbenen herzliches Beileid aus.

beerdigt ＜ beerdigen 埋葬する
eine Predigt halten 説教を行う
hinabgelassen ＜ hinab‖lassen 下に降ろす
der Verstorbenen ＜ die Verstorbene 故人（女性形）

◎ 56

Nach der Beerdigung gibt es in einem Gasthaus Kaffee und Kuchen. Zwei Frauen (Frau Schulz und Frau Gruber) aus der Trauergemeinde unterhalten sich dabei über die Verstorbene.

Schulz: Woher haben Sie die Verstorbene gekannt?

Gruber: Sie ist meine Nachbarin gewesen. Wir sind oft zusammen ins Konzert gegangen. Aber dann ist sie krank geworden. Ich habe sie immer besucht. Letzte Woche ist sie mit dem Kranken-wagen abgeholt und ins Krankenhaus gebracht worden.

Schulz: Ja, das habe ich auch gehört.
Und dort ist sie dann gestorben.

Trauergemeinde　弔問客

葬式　◆

葬式はおよそ次のような手順で行われる。墓地の葬儀場に置かれた柩は花で美しく飾られている。司祭（カトリック）あるいは牧師（プロテスタント）が故人の略歴と功績を称え惜別の辞を述べ、讃美歌が歌われた後で柩は遺族と弔問客に伴われて墓地まで運ばれ、2m 程の墓穴に埋葬される。司祭（牧師）は柩に小さなスコップで砂を 3 度すくってかけ、*„Erde zur Erde, Asche zur Asche, Staub zum Staub"*（土は土に、灰は灰に、ちりはちりに）と唱える。参列者たちも墓穴に近寄り、花を投げ入れ、砂を 3 度すくってかけ、十字を切る。最後に遺族にお悔みのことばを述べて後ろに下がる。このあと近くのカフェやレストランで、コーヒーとケーキあるいは昼食をとったりして家路につくことになる。ちなみに埋葬の方法は伝統的には土葬が主流であったが、最近では特に大都会では火葬も増えている。なお、2012 年のドイツ人の平均寿命は、男性が 77.5 才、女性が 82.6 才である。

11 ▶ *Grammatik* ◆

§1 **現在完了** 📀 57

1) **haben / sein の現在人称変化＋過去分詞（文末）で「枠構造」を作る。**

(haben の現在人称変化 → 第2課§4, sein → 第1課§4)

> Ich **habe** sie **besucht**. (*I have visited her.*)
> └─枠構造─┘

> Sie **ist** gestern **gestorben**. 彼女は昨日死んだ。
> └─枠構造─┘

過去の事柄については、日常会話では過去形よりも現在完了が好んで使われ、gestern（昨日）といった過去を表わす副詞との併用も許される。

2) **haben と sein の使い分け**

haben をとる動詞：全ての他動詞と大部分の自動詞。
sein をとる動詞：

a) 場所の移動を表す自動詞：gehen, kommen など。
b) 状態の変化を表す自動詞：sterben, werden など。
c) その他：sein, bleiben など。

§2 **受動態** 📀 58

1) **動作受動** werden＋過去分詞（文末）で「枠構造」を作る。

> Der Lehrer fragt den Schüler. 先生は生徒に質問する。

> Der Schüler **wird** (von dem Lehrer) **gefragt**. 生徒は（先生に）質問される。
> └────枠構造────┘

現在	Der Schüler **wird** oft **gefragt**.
過去	Der Schüler **wurde** oft **gefragt**.
現在完了	Der Schüler **ist** oft **gefragt worden**.

2) **自動詞の受動態** es を主語とする（但し、現れるのは文頭のみ）。

> Man tanzt heute. → Es **wird** heute **getanzt**. / Heute **wird getanzt**.

3) **状態受動** sein＋過去分詞（文末）で「枠構造」を作る。

> Die Tür **ist** (war) schon **geschlossen**. そのドアは既に閉じられている（いた）。
> └────枠構造────┘

1▶ 例にならって現在完了を用いた対話練習をしましょう。

例　Was haben Sie gestern gemacht?

　　Tennis spielen → Gestern *habe* ich Tennis *gespielt*.

1.　Deutsch lernen → _____

2.　Tante Brigitte besuchen → _____

3.　mit ihr zusammen ins Kino gehen → _____

4.　den ganzen Tag zu Hause bleiben → _____

2▶ 例にならって次のドイツ語圏の歴史や文化遺産を受動文で紹介して下さい。

例　die Röntgenstrahlen, 1895 / Röntgen / entdecken

　　　→ Die Röntgenstrahlen *wurden* 1895 von Röntgen *entdeckt*.

　　　　1895（年号）：achtzehnhundertfünfundneunzig
　　　　　　　　　　　　 18　　 100　　　　 95

1.　die Universität Wien, 1365 / gründen

　　→ _____

2.　die Neunte Sinfonie, Beethoven / komponieren

　　→ _____

3.　die Berliner Mauer, 1961 / bauen, 1989 / abreißen （過去分詞: abgerissen）

　　→ _____

4.　„Die Verwandlung", 1915 / Kafka / schreiben

　　→ _____

3▶ ドイツ語は合成語のとても好きな言語です。例にならって合成語を完成して
下さい。

例　Geburts |tag| 誕生日

1.　Kranken [____] 病院　　　　　2.　[____] zimmer　子供部屋

3.　Grund [____] 基礎学校　　　　4.　[____] tisch　ライティングデスク
　　　　　　　　　　　　　　　　　　　　　　　　　　　　（schreiben 書く）

5.　Brat [____]　焼きリンゴ

6.　ではリンゴはリンゴでも Adamsapfel（アダムのリンゴ）, Pferdeapfel（馬のリンゴ）とは
　　何のことか調べてみましょう。

12 *Lesetext* ◆ ◉ 59

Lisa und Monika suchen Faschingskostüme in der Kiste, die Peter vom Dachboden geholt hat. Freunde veranstalten eine Faschingsparty, zu der alle drei eingeladen sind.

Lisa verkleidet sich als Prinzessin. Monika zieht Peters Anzug an, dessen Ärmel viel zu lang für sie sind. Peter sieht sehr lustig aus in Monikas Nachthemd und mit der Pappnase, die er im Gesicht trägt. Großvater, der mit Thomas zu Hause bleibt, meint: „Thomas ist zu jung für eine Pappnase, und ich bin zu alt dafür."

Faschingskostüm　カーニ
　バルの仮装衣装
Dachboden　屋根裏部屋
Peter sieht...aus...
　< aus|sehen
Pappnase　厚紙で作った
　つけ鼻

🎧 60

Monika : Lisa, gib mir bitte die Dose mit der Schminke, die dort auf dem
Tisch steht!

Lisa : Papa, schau mal den Bart an, den Mama sich gemalt hat!
Sie sieht jetzt aus wie Charly Chaplin.

Peter : Toll, Monika!　Das ist genau das, was an deinem Kostüm noch
gefehlt hat.　Vielleicht gibt es einen Preis für den Gast, der das
lustigste Kostüm hat.
Kannst du Lisa und mich auch schminken?

---

es gibt... 　…⁴がある「es gibt＋4格目的語」の成句表現。

カーニバル ◆

Karneval と呼ばれるのは主としてケルン、マインツといったライン地方で、南ドイツ、オーストリアでは *Fas(t)nacht, Fasching* とも呼ばれる。*Karneval* の語源は定かではないが、謝肉祭が終ると *Ostern*（復活祭）までの40日間肉食を断つ断食期に入るため、ラテン語の「*carne*（肉）を *levare*（やめる）」が原義であるという説がある。カーニバルの時期は年によって異なり、2月の中旬から3月の中旬になる。というのも、そもそもカーニバルの時期を決定する復活祭の日曜日が、春分の日（3月21日）の後に来る最初の満月の日の次の日曜日とされるいわゆる「移動祝日」となっているからである。カーニバルのクライマックスは何といっても仮装行列と山車のパレードで、ケルンのカーニバルでは „*Alaaf!*"（万歳）を連呼しながら町を練り歩いていく。カーニバルが終る頃には長くてつらいドイツの冬の寒さも少しずつ和らぎ始め、やがて春を迎えることになる。

Grammatik ◆

§1 関係代名詞 🔘₆₁

	男性	女性	中性	複数
1格	der	die	das	die
2格	dessen	deren	dessen	deren
3格	dem	der	dem	denen
4格	den	die	das	die

関係代名詞は、上の表の太字部分を除き、定冠詞と同形である。関係代名詞は先行詞に性と数を一致させ、格は関係文中の役割によって決まる。関係文は副文であるから定動詞は文末に置かれる。また、主文と関係文の間はコンマで区切る。

Dort steht der Mann,
あそこに立っているのは

der bei der Bank *arbeitet*.	銀行で働いている
dessen Haare blond *sind*.	髪がブロンドの
dem wir geholfen *haben*.	私たちが手伝った
den wir eingeladen *haben*.	私たちが招待した
auf den wir *warten*.	私たちが待っている

男性です。

§2 不定関係代名詞 wer と was 🔘₆₂

1) wer「…するところの人は(誰でも)」, was「…するところのものは(何でも)」

Wer zuerst kommt, mahlt zuerst.　（ことわざ）
早いが勝ち（← 最初に来た者が最初に粉をひく。）

Was ich nicht weiß, macht mich nicht heiß.　（ことわざ）
知らぬが仏（← 私の知らないことは私を怒らせない。）

2) das (etwas, alles, nichts, …), was の形で

Das ist alles, was ich weiß.　これが私の知っているすべてです。

§3 指示代名詞 🔘₆₃

指示代名詞は、付加語的に用いる場合には定冠詞(→ 第2課)と、名詞的に用いる場合には関係代名詞と同じ変化をする。常にアクセントを伴う。

Dás Auto gefällt mir.　その車が私は好きだ。

Kennen Sie den Mann? — Ja, dén kenne ich sehr gut.
その男性を知っていますか。— はい、彼ならとてもよく知っています。

1 ▶ 例にならって関係文を作り、和訳しなさい。

例　Das ist die Tasche.　Ich habe die Tasche gestern gekauft.

→ Das ist die Tasche, *die* ich gestern gekauft <u>habe</u>.

1. Das ist der Film.　Ich habe den Film gestern gesehen.

　　→ _____

2. Das ist das Auto.　Er fuhr mit dem Auto nach Berlin.

　　→ _____

3. Das ist das Buch.　Ich habe das Buch lange gesucht.

　　→ _____

4. Das ist die Frau.　Die Augen der Frau sind blau.

　　→ _____

5. Das sind die Nachrichten.　Wir haben auf die Nachrichten gewartet.

　　→ _____

2 ▶ 次の 1.〜5. の文で（　　）に入れるのに最も適切なものを下の 1)〜6) のうちから選びなさい。

1. Im engen Familienkreis feiert man (　　　　), das Fest der Geburt Jesu Christi.

2. Der 31. Dezember ist Silvester.　Um Mitternacht stößt man mit Sekt an und ruft: „Prosit (　　　　)!"

3. An (　　　　) feiern die Christen die Auferstehung Jesu Christi von den Toten.

4. In München findet jedes Jahr das (　　　　) statt, das größte Volksfest der Welt.

5. Wenn zwei Menschen heiraten, wird die (　　　　) meistens erst in der Kirche und dann in einem Lokal gefeiert.

　　1) Oktoberfest　　　　2) Ostern　　　　　3) Neujahr

　　4) Hochzeit　　　　　5) Weihnachten　　　6) Karneval

Ergänzung ◆ 接続法

§1　接続法第1式 🎧64

1)　不定詞語幹から作る。

不定形		lernen	kommen	haben	werden	sein
ich	—e	lerne	komme	habe	werde	sei
du	—est	lernest	kommest	habest	werdest	sei[e]st
er	—e	lerne	komme	habe	werde	sei
wir	—en	lernen	kommen	haben	werden	seien
ihr	—et	lernet	kommet	habet	werdet	seiet
sie	—en	lernen	kommen	haben	werden	seien

2)　間接話法に用いる。

> Lisa sagt: „Ich bin krank." → Lisa sagt, sie sei krank.
> リーザは病気だと言っている。

§2　接続法第2式 🎧65

1)　過去基本形から作る。

規則動詞は過去形と同形。不規則動詞は -e をつけ、幹母音を a → ä, o → ö, u → ü と変音させる。

		規則動詞		不規則動詞		
不定形		lernen	kommen	haben	werden	sein
過去基本形		lernte	kam	hatte	wurde	war
ich	⸛e	lernte	käme	hätte	würde	wäre
du	⸛est	lerntest	kämest	hättest	würdest	wärest
er	⸛e	lernte	käme	hätte	würde	wäre
wir	⸛en	lernten	kämen	hätten	würden	wären
ihr	⸛et	lerntet	kämet	hättet	würdet	wäret
sie	⸛en	lernten	kämen	hätten	würden	wären

2)　非現実話法に用いる。

> Wenn Lisa nicht krank wäre, würde sie zu mir kommen.
> リーザが病気でなければ私のところに来られるのに。

主要不規則動詞変化表 ◆ *Anhang* 付録

主要不規則動詞変化表

不定詞	直説法現在	過去基本形	接続法第2式	過去分詞
backen （パンなどを）焼く	*du* bäckst (backst) *er* bäckt (backt)	**backte** **(buk)**	backte (büke)	**gebacken**
befehlen 命令する	*du* befiehlst *er* befiehlt	**befahl**	befähle (beföhle)	**befohlen**
beginnen 始める，始まる		**begann**	begänne (begönne)	**begonnen**
bieten 提供する		**bot**	böte	**geboten**
binden 結ぶ		**band**	bände	**gebunden**
bitten たのむ		**bat**	bäte	**gebeten**
bleiben とどまる		**blieb**	bliebe	**geblieben**
braten （肉などを）焼く	*du* brätst *er* brät	**briet**	briete	**gebraten**
brechen 破る，折る	*du* brichst *er* bricht	**brach**	bräche	**gebrochen**
brennen 燃える		**brannte**	brennte	**gebrannt**
bringen 持って来る		**brachte**	brächte	**gebracht**
denken 考える		**dachte**	dächte	**gedacht**
dürfen …してもよい	*ich* darf *du* darfst *er* darf	**durfte**	dürfte	**gedurft** **(dürfen)**
empfehlen 推薦する	*du* empfiehlst *er* empfiehlt	**empfahl**	empföhle (empfähle)	**empfohlen**
erschrecken 驚く	*du* erschrickst *er* erschrickt	**erschrak**	erschräke	**erschrocken**
essen 食べる	*du* isst *er* isst	**aß**	äße	**gegessen**
fahren （乗物で）行く	*du* fährst *er* fährt	**fuhr**	führe	**gefahren**

不定詞	直説法現在	過去基本形	接続法第2式	過去分詞
fallen 落ちる	*du* fällst *er* fällt	**fiel**	fiele	**gefallen**
fangen 捕える	*du* fängst *er* fängt	**fing**	finge	**gefangen**
finden 見つける		**fand**	fände	**gefunden**
fliegen 飛ぶ		**flog**	flöge	**geflogen**
fliehen 逃げる		**floh**	flöhe	**geflohen**
fließen 流れる		**floss**	flösse	**geflossen**
frieren 凍る		**fror**	fröre	**gefroren**
geben 与える	*du* gibst *er* gibt	**gab**	gäbe	**gegeben**
gehen 行く		**ging**	ginge	**gegangen**
gelingen 成功する		**gelang**	gelänge	**gelungen**
gelten 値する, 有効である	*du* giltst *er* gilt	**galt**	gälte (gölte)	**gegolten**
genießen 享受する, 楽しむ		**genoss**	genösse	**genossen**
geschehen 起こる	*es* geschieht	**geschah**	geschähe	**geschehen**
gewinnen 獲得する, 勝つ		**gewann**	gewönne (gewänne)	**gewonnen**
graben 掘る	*du* gräbst *er* gräbt	**grub**	grübe	**gegraben**
greifen つかむ		**griff**	griffe	**gegriffen**
haben 持っている	*ich* habe *du* hast *er* hat	**hatte**	hätte	**gehabt**
halten 持って(つかんで)いる	*du* hältst *er* hält	**hielt**	hielte	**gehalten**
hängen 掛かっている		**hing**	hinge	**gehangen**

不定詞	直説法現在	過去基本形	接続法第 2 式	過去分詞
heben 持ちあげる		**hob**	höbe	**gehoben**
heißen …と呼ばれる		**hieß**	hieße	**geheißen**
helfen 助ける	*du* hilfst *er* hilft	**half**	hülfe (hälfe)	**geholfen**
kennen 知っている		**kannte**	kennte	**gekannt**
kommen 来る		**kam**	käme	**gekommen**
können …できる	*ich* kann *du* kannst *er* kann	**konnte**	könnte	**gekonnt** **(können)**
laden （荷を）積む	*du* lädst *er* lädt	**lud**	lüde	**geladen**
lassen …させる	*du* lässt *er* lässt	**ließ**	ließe	**gelassen** **(lassen)**
laufen 走る	*du* läufst *er* läuft	**lief**	liefe	**gelaufen**
leiden 悩む，苦しむ		**litt**	litte	**gelitten**
leihen 貸す，借りる		**lieh**	liehe	**geliehen**
lesen 読む	*du* liest *er* liest	**las**	läse	**gelesen**
liegen 横たわっている		**lag**	läge	**gelegen**
lügen うそをつく		**log**	löge	**gelogen**
messen 測る	*du* misst *er* misst	**maß**	mäße	**gemessen**
mögen …かもしれない	*ich* mag *du* magst *er* mag	**mochte**	möchte	**gemocht** **(mögen)**
müssen …ねばならない	*ich* muss *du* musst *er* muss	**musste**	müsste	**gemusst** **(müssen)**
nehmen 取る	*du* nimmst *er* nimmt	**nahm**	nähme	**genommen**

不定詞	直説法現在	過去基本形	接続法第2式	過去分詞
nennen …と呼ぶ		**nannte**	nennte	**genannt**
raten 助言する	*du* rätst *er* rät	**riet**	riete	**geraten**
reißen 引きちぎる	*du* reißt *er* reißt	**riss**	risse	**gerissen**
reiten 馬に乗る		**ritt**	ritte	**geritten**
rennen 走る		**rannte**	rennte	**gerannt**
rufen 叫ぶ, 呼ぶ		**rief**	riefe	**gerufen**
schaffen 創造する		**schuf**	schüfe	**geschaffen**
scheinen 輝く, 思われる		**schien**	schiene	**geschienen**
schieben 押す		**schob**	schöbe	**geschoben**
schießen 撃つ		**schoss**	schösse	**geschossen**
schlafen 眠る	*du* schläfst *er* schläft	**schlief**	schliefe	**geschlafen**
schlagen 打つ	*du* schlägst *er* schlägt	**schlug**	schlüge	**geschlagen**
schließen 閉じる		**schloss**	schlösse	**geschlossen**
schmelzen 溶ける	*du* schmilzt *er* schmilzt	**schmolz**	schmölze	**geschmolzen**
schneiden 切る		**schnitt**	schnitte	**geschnitten**
schreiben 書く		**schrieb**	schriebe	**geschrieben**
schreien 叫ぶ		**schrie**	schriee	**geschrie[e]n**
schweigen 沈黙する		**schwieg**	schwiege	**geschwiegen**
schwimmen 泳ぐ		**schwamm**	schwömme (schwämme)	**geschwommen**

不定詞	直説法現在	過去基本形	接続法第2式	過去分詞
schwinden 消える		**schwand**	schwände	**geschwunden**
sehen 見る	*du* siehst *er* sieht	**sah**	sähe	**gesehen**
sein 在る	*ich* bin *wir* sind *du* bist *ihr* seid *er* ist *sie* sind	**war**	wäre	**gewesen**
senden 送る		**sandte** **(sendete)**	sendete	**gesandt** **(gesendet)**
singen 歌う		**sang**	sänge	**gesungen**
sinken 沈む		**sank**	sänke	**gesunken**
sitzen 座っている	*du* sitzt *er* sitzt	**saß**	säße	**gesessen**
sollen …すべきである	*ich* soll *du* sollst *er* soll	**sollte**	sollte	**gesollt** **(sollen)**
sprechen 話す	*du* sprichst *er* spricht	**sprach**	spräche	**gesprochen**
springen 跳ぶ		**sprang**	spränge	**gesprungen**
stechen 刺す	*du* stichst *er* sticht	**stach**	stäche	**gestochen**
stehen 立っている		**stand**	stände (stünde)	**gestanden**
stehlen 盗む	*du* stiehlst *er* stiehlt	**stahl**	stähle (stöhle)	**gestohlen**
steigen 登る		**stieg**	stiege	**gestiegen**
sterben 死ぬ	*du* stirbst *er* stirbt	**starb**	stürbe	**gestorben**
stoßen 突く	*du* stößt *er* stößt	**stieß**	stieße	**gestoßen**
streichen なでる		**strich**	striche	**gestrichen**
streiten 争う		**stritt**	stritte	**gestritten**

不定詞	直説法現在	過去基本形	接続法第２式	過去分詞
tragen 運ぶ	*du* trägst *er* trägt	**trug**	trüge	**getragen**
treffen 当たる，会う	*du* triffst *er* trifft	**traf**	träfe	**getroffen**
treiben 追う		**trieb**	triebe	**getrieben**
treten 歩む，踏む	*du* trittst *er* tritt	**trat**	träte	**getreten**
trinken 飲む		**trank**	tränke	**getrunken**
tun する	*ich* tue *du* tust *er* tut	**tat**	täte	**getan**
vergessen 忘れる	*du* vergisst *er* vergisst	**vergaß**	vergäße	**vergessen**
verlieren 失う		**verlor**	verlöre	**verloren**
wachsen 成長する	*du* wächst *er* wächst	**wuchs**	wüchse	**gewachsen**
waschen 洗う	*du* wäschst *er* wäscht	**wusch**	wüsche	**gewaschen**
wenden 向ける		**wandte (wendete)**	wendete	**gewandt (gewendet)**
werben 得ようと努める	*du* wirbst *er* wirbt	**warb**	würbe	**geworben**
werden (…に) なる	*du* wirst *er* wird	**wurde**	würde	**geworden (worden)**
werfen 投げる	*du* wirfst *er* wirft	**warf**	würfe	**geworfen**
wissen 知っている	*ich* weiß *du* weißt *er* weiß	**wusste**	wüsste	**gewusst**
wollen …しようと思う	*ich* will *du* willst *er* will	**wollte**	wollte	**gewollt (wollen)**
ziehen 引く，移動する		**zog**	zöge	**gezogen**
zwingen 強制する		**zwang**	zwänge	**gezwungen**

ドイツ暮らしのスケッチ（新訂版）

検印
省略

©2009年1月15日　　第1版発行
2015年4月15日　　第5刷発行
©2024年4月25日　　第2版発行

著　者　　　　　　　荻　野　蔵　平
　　　　　　　　　　Andrea Raab

発行者　　　　　　　小　川　洋一郎
発行所　　　　　　　株式会社 朝 日 出 版 社
〒101-0065 東京都千代田区西神田 3-3-5
TEL (03) 3239-0271・72（直通）
振替口座　東京 00140-2-46008
ユーピー工芸 / メディアアート / 図書印刷

ISBN978-4-255-25482-1 C1084
https://www.asahipress.com